AF143706

Birgit Pape-Thoma

Moi, la femme du Président

et autres folies

© 2023 Birgit Pape-Thoma
Illustrations: Alain Kojelé
Édition : BoD - Books on Demand, info@bod.fr
Impression : BoD – Books on Demand, In de Tarpen 42,
Norderstedt (Allemagne)
Impression à la demande
Dépôt légal : Juin 2023
ISBN : **978-2-3224-8161-3**

Les plus courtes folies sont toujours les meilleures

Marguerite de Navarre

Moi, la femme du Président

Je suis la femme du Président. Oui, c'est moi l'épouse blanche du Président de ce pays africain dont vous lisez l'histoire de temps en temps dans les journaux. De temps en temps, ça veut dire au cas où des catastrophes s'annoncent dans mon pays d'adoption. S'il y a de bons événements, la télé de chez vous se tait en général. Oui, c'est ainsi.

Mon mari, je le connais déjà depuis longtemps. J'ai fait sa connaissance dans les années 1970 quand nous étions encore des étudiants. Mon futur mari avait fait des études en construction de machines, et moi de journalisme. Nous étions jeunes, enthousiastes et voulions un monde meilleur sans guerre et sans faim. Un beau jour, je l'ai rencontré dans la cellule d'étudiants communistes pour laquelle je rédigeais un petit journal.

C'était un coup de foudre: mon futur mari était beau, intelligent et cultivé. Et lui, il était vite tombé amoureux de mon charme et de ma sérénité. Il a aimé aussi ma faculté de convaincre les gens et de semer l'optimisme et le bonheur. Assez vite, nous avons pris un petit deux-pièces ensemble que nous avons meublé avec du mobilier d'occasion et des caisses de bananes qui nous servaient de bibliothèque.

Comme nous étions heureux! Tout marchait bien pour nous. Mon chéri arriva à obtenir son diplôme avec des meilleurs notes ce qui lui permit de trouver un travail d'ingénieur bien rémunéré. Quant à moi, j'ai commencé à travailler à la radio, un travail qui me passionnait. Oui, nous étions heureux. Et quand nos deux enfants arrivèrent, notre bonheur fut à son comble.

Pendant toutes ces années, mon mari gardait un bon contact avec son pays natal qui se trouvait sous dictature. On passait des vacances là-bas. Des vacances qui ne plaisaient qu'à moi et les enfants. Mon mari rentrait toujours triste et déçu en Europe. Tellement la situation de son pays le révoltait. Au fil des années, il cherchait des contacts au pays, les contacts avec des gens qui pensaient comme lui, des gens qui en avaient marre de cette situation de honte et de répression. C'est de cette manière que commença son chemin de politicien.

* * *

En Europe, mon mari travaillait de plus en plus pour la liberté de son pays. J'ignore ce qu'il avait organisé et préparé. La seule chose que je sais c'est qu'il était prêt au cas où les choses changeraient. Et un jour, c'était le moment donné. Mon mari m'annonça qu'il devrait quitter l'Europe pour se rendre au pays. Seul. Sans les enfants et moi. Vous pouvez imaginer combien j'étais inquiète! Mais je ne disais rien. Le contredire à ce moment historique? Impossible. Et égoïste. Donc, je me suis contentée de prier et je l'ai laissé aller au pays.

La suite, vous la connaissez. Après des luttes atroces, mon pays adoptif était libéré. Enfin ! Et mon mari était nommé ministre de l'industrie et de développement. Après un peu de temps d'attente, je l'ai suivi avec nos enfants. Les premières années étaient difficiles pour tout le pays. Pour moi aussi. Mais les sacrifices étaient utiles. À la fin de cette période, il y avait les premières élections. Et mon mari fut élu Président.

* * *

Tout d'un coup, notre vie changea. Et moi, au lieu d'être Madame je suis devenue la femme du Président. Messieurs, Mesdames, ce n'est pas drôle, je vous l'annonce! Parce qu'il fallait déménager pour le Palais Présidentiel. Ce qui ne me plaisait pas du tout. Trop pompeux, trop de luxe inutile! Pendant que le peuple continue à souffrir. Je me rappelle souvent les meilleures années de ma vie quand mon mari et moi vivions avec nos caisses de bananes !

Et maintenant ce luxe ! Avec des boys, des cuisiniers, des jardiniers. Non, ça ne me plaît toujours pas. En plus, on est sous haute surveillance 24 heures sur 24 et 7 jours sur 7 ! En tant que femme du Président, je ne peux plus me promener en ville comme je veux. Non, finie toute la liberté. Je ne peux même plus téléphoner à mes copines ou mes parents sans une troisième oreille qui écoute tout.

Mais ma situation a aussi des côtés positifs. Je me suis engagée pour faire quelque chose de bien à mon pays d'adoption. En tout cas, le peuple m'aime. Quand je me rends dans les villages – toujours en voiture de luxe et escortée – les gens sont très contents, parce que je les écoute. Je veux faire de mon mieux pour les aider.

J'ai mis sur pied des structures pour améliorer

l'éducation. Je veux que les enfants – aussi les plus pauvres – soient scolarisés. J'ai créé une cellule d'enseignant pour modifier les curricula afin de les adapter à l'histoire et à la situation du pays. Je veux aussi que les langues locales soient valorisées. La situation sanitaire doit être améliorée aussi. Il y a trop de malades sans soins. Trop de morts pour un petit bobo qui normalement ne tuerait même pas une mouche.

* * *

Malheureusement, j'ai aussi des ennemis. Mes ennemis, ce sont les ennemis du peuple. Ce sont des gens qui préfèrent que le peuple reste sot et que les gens ne sachent pas lire. Ce sont des gens qui n'aiment pas la radio que j'ai créée pour mieux informer les villageois et tous ceux qui se trouvent loin des informations. Mes ennemis sont aussi les ennemis de mon mari, parce qu'il gène. Il lutte contre la corruption. Il lutte contre tous ceux qui veulent rouler dans leurs grosses Mercedes sans rien faire, juste en escroquant le peuple. Oui, mon mari gène.

Mon mari gène aussi les occidentaux parce qu'il n'est plus d'accord que les mines soient exploitées par des multinationales sans que le peuple en profite. Je sais qu'il y a déjà un contre-courant contre lui en Europe et aux USA. Les médias occidentaux commencent à écrire des mensonges contre mon mari et sur la situation au pays. Les coups de téléphone de mon mari avec les dirigeants européens et aux USA ne sont plus détendus. On commence à le menacer, et à le mettre sous pression. Je commence à avoir peur.

Il y a aussi des ennemis parmi ses proches collaborateurs. Oui ! Dernièrement, j'ai entendu l'un d'eux dire qu'il ne fallait pas que le président d'un pays africain soit marié à une blanche. Cette opinion se repend de plus en plus. Certaines personnes disent que je suis une sorcière et la preuve en est mes yeux bleus car tout le monde sait que les sorcières ont les yeux bleus. N'importe quoi ! Mais je crains qu'il y ait des gens qui le pensent aussi.

* * *

L'autre jour, un proche de mon mari lui a joué un très mauvais jeu: on lui a mis une femme dans son lit! Une belle et jeune Noire. Apparemment une qui lui va mieux que sa vieille blanche qu'il aime déjà depuis trente ans et qui lui a donné ses deux enfants magnifiques. Cette histoire m'a rendue très triste. Parce que j'ai compris que les ennemis ne blaguent plus. Et je ne sais pas si la réaction de mon mari était vraiment bien: il a mis la jeune femme en prison. Non, ce n'était pas adéquat non plus. Elle et ses complices vont être encore plus fâchés contre ma personne. D'ailleurs, ce sont surtout les femmes des ministres et d'autres collaborateurs qui versent l'huile dans le feu. Elles disent que je suis une femme arrogante et capricieuse. Et elles me reprochent que je ne fais pas ce qu'elles voudraient faire à ma place: occuper un Airbus de la compagnie aérienne nationale une fois par semaine pour faire le shopping à Londres ou à Paris. Ah non, c'est pas mon truc. En plus, ça serait pour acheter quoi? Ici, j'ai déjà trop. Et je regrette beaucoup que je ne puisse pas me promener avec mes vieilles fringues pratiques. Franchement, des tailleurs Gucci sont déplacés ici où les gosses n'ont souvent qu'un seul habit et doivent se rendre à l'école en haillons.

* * *

La situation devient de plus en plus insupportable. Pas un jour sans menace. Des menaces de haute politique, des menaces contre le Président et des menaces contre moi, la femme blanche du Président. Le Président d'un pays européen dit "ami" vient d'annoncer qu'il enverra des troupes au pays car il pense que la situation devient dangereuse pour les ressortissants de ce pays. Or, parmi les "rebelles" dont il parle se trouvent pas mal de mercenaires... Et je me demande qui a financé ces soi-disant rebelles. En plus, je ne sais même pas contre quoi ils se rebellent. Contre la lutte de mon mari qui est contre la corruption ?

* * *

Aujourd'hui, le pire des pires est arrivé: on a attaqué mon mari et on l'a enlevé! Je ne sais pas où il se trouve. Je sais seulement que ce matin, des soi-disant rebelles sont rentrés dans le palais présidentiel. Où était la garde? Qui a arrangé ce complot? J'ai peur...

* * *

Je viens d'apprendre que les assassins ont tué mon mari. J'ignore les détails. Je suis malheureuse! Si malheureuse! Mais je n'ai pas de larmes.

En tout cas, c'est pas le moment de pleurer, je dois me sauver avec les enfants. La jeune femme de mon fils est enceinte. Je dois les mettre en sécurité.

J'entends des hélicoptères. Je sais que des troupes étrangères ont débarqué au pays. Des troupes des pays voisins et des occidentaux. J'espère qu'il n'y aura pas de bain de sang. Je vais essayer de me rendre à la maison de la radio. Peut-être que l'on m'aidera là-bas. J'ai tellement peur!

* * *

La station de la radio est déjà occupée. On émet des mensonges contre mon mari et sa politique. On dit qu'il voulait du mal pour le pays, qu'il voulait s'enrichir, qu'il a des milliards d'euros sur un compte en Suisse. Et qu'il a fait tout ça pour satisfaire les besoins de sa femme blanche. Quel mensonge ! Tout est mensonge ! Je dois sauver ma famille et mes amis. Pour le pays, c'est déjà trop tard...

* * *

Je suis en sécurité. Un ami journaliste m'a aidé à me sauver. Je me trouve avec ma petite famille, quelques amis de mon mari et quelques collaborateurs fidèles au village de ce journaliste. Ici, tout est calme. Je ne fais qu'attendre parce que l'ami m'a confirmé que mon mari n'était pas mort. Ça aussi, des mensonges. Donc, j'attends. Je prie pour lui, le peuple et pour mon pays adoptif. J'espère que le Bon Dieu est l'ami du peuple de ce pays et non l'ami de ces agresseurs. Priez avec moi. Merci.

Le Schizosophe désorienté

Un drame en sept actes

Prologue:

Le souvenir est une variante subtile de l'oubli

Un:

Avenue Gambetta, Paris, 18h30. Le schizosophe rentre à la maison. Il ouvre sa porte, fait attention que la chatte ne sorte pas. La chatte se lamente, le frigo est vide, le répondeur aussi. Le schizosophe se pose des questions: Pourquoi pleut-il aujourd'hui et non demain? Pourquoi le sang est-il rouge et non vert? Pourquoi la dame n'a pas livré la marmite destinale ? La dame était chez lui, elle est arrivée sans cadeau et, peut-être, sans marmite destinale. Depuis que le schizosophe avait enlevé un t, la marmite était devenue un défi pour lui. Et la dame a fait bien de promesses. Le schizosophe fronce les sourcils. Il essaie de se souvenir : Oui, la dame lui a fait toucher quelque chose d'inconnu, d'inouï, de chaud et d'humide. C'était ça la marmite en question ? Il faisait nuit, pas de lumière. La dame lui a proposé de regarder la chose, de la vérifier. Mais le schizosophe ne voulait pas. Il était las. Il était déçu. Il était fatigué. A 1h30 du matin, la dame était partie. Avec la chose. Après son départ, le schizosophe a pris une décision: Non, plus jamais, il ne s'adressera à la dame. Non, il ne réclamera pas la marmite. Non, il ne tiendra pas sa promesse de garder l'amitié avec sa propriétaire. Désormais, quand la dame rappellerait, le schizosophe se tairait, il ne décrocherait pas, il n'ouvrirait pas sa porte.

Maintenant, le schizosophe est triste. Il se demande s'il est devenu plus schizo que sophe. Il se demande pourquoi il pleut aujourd'hui et non hier. Il se demande pourquoi le frigo est si vide. La chatte se lamente. Le schizosophe aussi.

Deux:

Avenue Gambetta, Paris, 2h du matin. Le schizosophe est seul. Même la chatte n'est plus là. Le frigo est toujours vide, mais le schizosophe pense à autre chose. Il se trouve devant son ordinateur. Il vient d'ouvrir son site. Il le contemple: Le rouge est-il vraiment bien? « Le rouge est trop rouge-sang, je dois réfléchir afin de modifier la couleur. » - Tout à coup, le téléphone sonne. Une fois, deux fois. Le schizosophe est glacé. Le miaulement de la chatte qui saute quand le téléphone sonne lui manque. Qui appelle à cette heure ? Un pote ? Une amie ? La dame ? Le répondeur déclenche. Personne ne laisse de message. Le schizosophe se ramollit. Sur l'avenue, quelques voitures passent. Un couple s'engueule. La femme a une voix stridente. Le schizosophe se retourne vers son site. Il regarde le rouge. « Demain, je vais acheter des tomates. » Une ambulance passe. Puis, du silence. « Rouge-tomate, ça serait peut-être mieux. »

Trois:

Quelque part dans la région montpellieraine, 16h. La fenêtre de la salle de bain est fermée. Une mouche bourdonne, virevolte. La propriétaire de la marmite destinale se regarde au miroir. Elle contemple des petites ridules autour de l'œil droit. Ça lui rappelle une remarque du schizosophe qui avait dit que son visage est marqué. Le schizosophe ? La propriétaire se demande ce qu'elle doit faire avec

34

ce dossier. « Normalement, » pense-t-elle, « je devrais lui envoyer une facture. » Certes, la livraison de la marmite était ratée. Mais c'était la faute à qui? La réception d'un objet aussi précieux que cette marmite doit être effectuée avec des précautions, avec du tact et de la sensibilité.

« Je ne crois pas que je puisse lui envoyer la facture », se dit la propriétaire de la marmite. « Le schizosophe n'est pas si fort pour la supporter, il est plutôt faible et vulnérable. » - Elle tourne légèrement la tête, s'offre un grand sourire. La mouche se cogne contre la vitre. La propriétaire ouvre la fenêtre. La mouche s'envole.

Quatre:

Quelque part dans la région montpelliéraine, 10h30. L'oléiculteur est en train de traiter les oliviers. Il fait très beau, ensoleillé, un peu venteux. La propriétaire de la marmite destinale s'arrête à la hauteur de l'oliveraie. Elle descend de sa voiture. L'oléiculteur s'approche vers elle, lui sourit, visiblement réjoui. La propriétaire rougit. Ou est-ce plutôt le reflet de son pull-over rouge-tomate qui embellit son visage? Elle le trouve mignon, l'oléiculteur. Malgré son jeune âge, les premiers cheveux blancs apparaissent. Il n'est pas rasé, des poils blancs. La propriétaire se rappelle du schizosophe, qui avait lui aussi la barbe grise de plusieurs jours. Elle pense également à son coup de fil du samedi que le schizosophe, apparemment étonné, avait rompu brusquement. Les yeux de l'oléiculteur sont marron foncé. Il plonge son regard dans les yeux de la propriétaire. L'envie d'acquérir la marmite en question ne l'a pas quitté depuis leur première rencontre professionnelle d'il y a 6 mois. Sera-t-il capable d'assurer une bonne réception? Le soleil fait cligner les yeux de la propriétaire. Elle sort ses lunettes de soleil et les met. Le vent se renforce.

Cinq :

Bus n° 91, Paris, 8h30. Avec beaucoup de chance, le schizosophe a trouvé un coin fenêtre. Il préfère regarder dehors. A cette heure-là, il déteste toutes ces femmes parfumées qui essaient en vain de cacher leur fatigue sous une épaisse couche de maquillage. Ne parlons pas de ces hommes en costume et cravate avec leurs indispensables serviettes! Les gens dehors sont plus loin, moins corporels. La rue est bouchée, le bus s'arrête. Le schizosophe contemple la vie sur le trottoir avec mépris. Comment est-ce possible qu'il s'est trompé par deux fois? Un t de trop pour la marmite, un a manquant pour la banane plantain? Le regard du schizosophe s'accroche au dos d'une blondine. Belle taille, les fesses, dans un jeans moulé, bougent à la cadence de ses pas; son pullover rouge-tomate luit. La femme lui rappelle la propriétaire de la marmite destinale. Le bus redémarre, double la blondine. Le schizosophe tourne sa tête, regarde la blondine en face. Non, elle est moins belle que la dame. Les arbres se décorent avec de jeunes feuilles vertes. Le printemps est arrivé.

Six:

Montpellier, la gare, 16h30. Le grand hall est encombré de touristes. La propriétaire de la marmite destinale appelle le schizosophe. La propriétaire reste bouche bée. Pourquoi le schizosophe vient de raccrocher encore une fois? Un jeune homme s'approche en chantant. Il téléphone lui aussi. Le jeune homme se tourne vers la propriétaire et la fixe des yeux. Il parle fort. Le schizosophe n'a pas parlé fort. Il n'a rien dit. Elle se demande si c'est lui qui a gagné. Avait-il l'intention de gagner ? La victoire ? Sur quoi ? Sur elle, la propriétaire de la fameuse marmite? Non, son comportement est trop irrationnel. Le jeune homme s'adresse à la propriétaire. Certainement, il a remarqué son bouleversement. Tout à coup, la propriétaire comprend. Mais oui, pourquoi elle n'a pas compris avant ! « Je peux vous aider, ma charmante dame? » demande le jeune homme. « Vous êtes belle, Madame, et vous avez une bouche très sensuelle.» Elle le regarde. Ses cheveux courts sont poivre et sel, également la barbe de plusieurs jours. Lui aussi ! Cette fois-ci, la propriétaire ne rougit pas. Elle éclate de rire. Décidément, le printemps est arrivé.

Fin:

Avenue Gambetta, Paris, 1h30 du matin. Tout est calme. Le schizosophe se trouve devant son ordinateur. Il consulte sa boîte e-mail. Comme tous les jours, il y a un courriel de la dame, la propriétaire de la fameuse marmite. Le schizosophe attend ses courriels impatiemment. Il est curieux et attend la suite de la suite. Cette fois-ci, il est un peu irrité car la dame l'a intitulé "fin".

Fin de quoi? Elle a l'intention de lui priver de ces textes marrants ? Elle a décidé d'envoyer une facture pour la réception échouée de la marmite destinale ? Le schizosophe ouvre le courriel, le lit, se ramollit dans son fauteuil. Elle a donc compris. Enfin. Plus de chance de se cacher. Plus besoin d'espérer qu'elle pense que c'était son succès à lui. Enfin, elle a compris. Et si elle le prive de ses courriels ? Si elle n'appelle plus ? Un point final est-il mis à leurs conversations philosophiques ? N'entendra-t-il plus sa petite voix douce ? Le schizosophe soupire. Il ouvre son site. Il est déçu. Le rouge-tomate est identique au rouge-sang. Sur la rue, la sirène d'une ambulance. La nuit est froide à Paris.

Épilogue:

Ce n'est pas grave d'avoir raté une marmite destinale, mais il est impardonnable de perdre l'amitié de sa propriétaire.

Le kleenex

Son rhume est fort. Le voyageur se mouche le nez et monte dans la rame de métro. Il n'y a que peu de gens. Le voyageur prend sa place en face d'une jeune fille qui a l'air crispé. En catimini, il l'observe. Elle passe sa main sur ses cheveux, elle ouvre son sac, elle le referme. Elle le rouvre encore une fois et y sort son portable qui, apparemment, vient d'annoncer l'arrivée d'un message. La jeune fille le lit et, ahurie, elle regarde le voyageur comme si elle voudrait lui demander de l'aide. Puis, tout à coup, elle éclate en sanglots.

– Le salaud ! s'exclame-t-elle. Elle pleure, de grosses larmes. Le voyageur sort de sa poche un kleenex propre et le tend à la jeune fille.

- Le salaud ! s'exclame-t-elle de nouveau en prenant le kleenex.

- Merci, vous êtes gentil.

Elle sèche ses larmes et soupire.

- Il est vraiment un gros salaud ! dit-elle calmement.

- Il vient de m'annoncer par sms que c'est fini. Il est lâche !

- Hm, répond le voyageur. Effectivement, c'est pas poli.

- « C'est fini, je ne veux plus, laisse-moi tranquille » ce sont ses mots. Hier, il était déjà bizarre.

Mais il n'a rien dit. Pourquoi n'avait il pas le courage de me parler ?

Le voyageur voudrait la consoler. Mais il sait qu'il ne trouvera pas des mots justes. La jeune fille recommence à pleurer. Avec le kleenex elle efface son mascara. Puis, elle sourit tristement.

- Vous êtes vraiment gentil, Monsieur. Merci !

- De rien !

Le voyageur ressent un bonheur indécis. Il a l'impression d'avoir soulagé la jeune fille. Or, il ne l'avait que dépannée avec un

simple mouchoir en papier. Il se sent bien, presque heureux, la première fois depuis longtemps. Il sort son propre kleenex et se mouche le nez encore une fois.

Le Programme Chasse-Rivale

Elle est fatiguée. Elle ne sait plus quoi faire. Puis, elle appelle son ami Tom qui vit avec un homme. Tom est le seul qui connaît ses problèmes et ses doutes.

Et cette fois-ci, il a une idée :

- J'ai trouvé un bon conseil pour toi ! Sur internet, j'ai trouvé le blog d'une certaine Doudoune. Ce qu'elle écrit pourrait t'aider !

- Ah merci, tu es vraiment un ange !

- Je vais t'envoyer le lien et tu regarderas !

Le lien arrive et elle lit :

Le programme Chasse-Rivale

A) Formule pour les femmes qui ne partagent pas la maison avec leur chéri

D'abord, il faut marquer le terrain: Oublier un slip ou un soutien (bien propre bien sûr!) chez ton chéri le monsieur en question. Il est très efficace de laisser des cheveux aux points stratégiques, donc sur l'oreiller du monsieur, sur ses vêtements (en préférence son caleçon), à la salle de bain. Si la rivale avait déjà la même idée, il faut la tourner contre elle en plaçant ses cheveux également aux points stratégiques qui, bien entendu, ne sont pas les mêmes. Donc, tu décores la brosse à dents de ton chéri avec un cheveu de la rivale, tu en mets sur les assiettes, les verres ou dans les casseroles, et (extrêmement dégueulasse!) dans le sac de semoule ou une soupe pré-préparée. Cette tactique ne marche pas si toi et ta rivale avez les mêmes cheveux. C'est le contraste qui joue.

Puis, on peut se servir du gri-gri (ça pourrait marcher, mais il vaut mieux l'attaquer de deux côtés, car on ne sait jamais...!), on peut même se battre avec elle, lui déchirer les vêtements, lui arracher des cheveux et lui lancer des mensonges, par exemple que le monsieur en question t'a dit qu'il déplore ses seins qui tombent (variante: sont trop petits) et qu'elle est nulle au lit et que le monsieur reste avec elle juste par pitié. Si elle est une de cette espèce de filles qui adorent les fringues, bijoux etc. on peut essayer de changer l'homme contre une robe: Tu lui proposes une robe si elle te laisse le mec. Quelque fois, ça vaut le coup d'essayer même le contraire: Tu lui laisses le mec quand elle t'offre une robe. Si elle accepte tu peux toujours prier que le monsieur en question reste avec toi quand même. Parce qu'il est un humain et pas un objet à troquer…

Si tout ça ne marche pas on doit changer la stratégie et attaquer la rivale d'une manière plus subtile. On doit lui proposer l'amitié et l'inviter au café pour boire quelque chose. Pendant cette petite heure, tu lui dis combien tu aimes le monsieur en question et que ça fait quand même x ans que tu restes avec lui et que tu es si bien accueillie par sa famille et que juste dernièrement, le papa t'avait dit: "ma fille, patati patata". En même temps, tu disperses des petites méchancetés très intimes. Par exemples, tu déplores la façon du monsieur en question de toujours trouer ses chaussettes de la même façon et que c'est triste qu'il ait un problème avec l'argent et que, heureusement, c'est toi qui gère son compte (ça pourrait choquer !). Et si elle est d'une autre culture tu lui dis que le chéri aime bien quand tu lui prépares son plat préféré, le fumbwa. Elle ne va rien dire parce qu'elle ne connaît point, vu qu'elle est venue d'ailleurs.

Chez le mec, tu vas lui dire que vous êtes devenues amies et que tu la trouves très intelligente mais que c'est dommage que ses cheveux soient si laids (variantes: qu'elle ne sait pas s'habiller). Incidemment, tu lui demandes la recette pour le fumbwa si tu ne la connais pas déjà. Et la prochaine fois que tu te rends chez le mec à l'improviste, tu fais la bise à la fille qui est bien assise pendant que le monsieur lui prépare le fumbwa. Tu démontres ta familiarité avec le monsieur en lui lançant: "Chéri, ngai nazali naposa nsungu ya monene"* et tu t'occupes des

Moi, j'ai sérieusement le désir de t'aider (lingala)

marmites. Crois-moi, cette pauvre fille va tout-de suite comprendre qui est la cheffe! (Par contre, si ta rivale est Africaine il ne faut jamais s'occuper de la cuisine quand elle est là parce qu'elle va te prendre pour une domestique !).

Si tout ça ne marche pas, on doit jouer la dernière carte: Tu dis à la rivale que tu veux qu'elle rende le monsieur heureux et que vous restiez amies et qu'elle devienne la marraine du bébé que tu attends de votre mec en commun. Tant pis si elle est plus maligne et qu'elle te lance sèchement que tu n'as qu'à avorter et qu'elle est enceinte elle-même de ton mec...!

B) Formule pour les femmes mariées

Tout ce qui vaut pour les célibataires vaut pour les femmes mariées aussi. Tu dois seulement modifier un peu ta stratégie :

Ne te laisse jamais aller. Si ton chéri a pris un deuxième bureau sache bien que tu le chasses définitivement quand tu te négliges. Donc, il faut faire exactement le contraire: sois plus belle que d'habitude, plus soignée et plus souriante. Car ce sont les femmes rayonnantes qui attirent les hommes, pas les autres.

Ne lui fais pas de scènes. Franchement, ça ne sert à rien. Et arrête d'être chiante. Ne dis jamais "ne fais pas toujours ça, fais ça, laisse ça, tu m'énerves avec ça..." Tu ne peux pas le changer, ma chère, il est un homme. Donc, applique une stratégie pour ne plus voir ses conneries d'homme. Par exemple, si ton mari jette tous les jours, après sa douche, ses draps de bain mouillés en forme de boule sur le sol de la salle de bain, on s'en fout. Laisse les traîner là. Seulement, tu dois enlever le tien pour qu'il ne puisse pas l'utiliser.

Organise une fête chez toi à la maison et invite aussi ta rivale. Rayonne, sois la reine ! Mets la en contact avec 5 de tes copines les plus impressionnantes: la rivale va être très intimidée! Tu as un ami homosexuel que ton mari ignore? Tant mieux, mets le au courant et flirte avec lui. Ton mari sera étonné, surtout s'il s'agit d'un beau gosse qui - normalement - n'est pas fait pour nous les femmes. Mais n'exagère pas! Il suffit de mettre ton mari un peu en doute, c'est tout.

Ne commence pas à le contrôler. N'inspecte pas ses poches et ses culottes, ne lis pas ses textos ou ses mails. Tu risques de souffrir. Donne-lui ta confiance, même s'il ne le mérite pas. Par contre, je te conseille d'être prudente toi-même: ne lui indique ni ton code du mobile ni de ton adresse e-mail. Préserve tes secrets à toi, tu mérites une vie privée toi aussi ! On ne sait jamais...

Ne punis pas ton chéri. Ça ne sert à rien. Si ton mari aime faire l'amour avec toi, ne l'en prive pas. Surtout s'il s'agit d'un de ces hommes qui ont ce brin d'obsession sexuelle qui rend un homme irrésistible. Retiens-toi juste un peu pour augmenter son désir. Sois sûre, chez ta rivale, il ne trouve pas la même chose! (Il ne ressent que la première passion avec elle, non la vraie jouissance qui ne vient qu'avec l'âge).

N'aie pas peur d'une intellectuelle! Tu peux être sûre : c'est tellement rare les personnes qui citent les vers d'amour de Rilke en faisant l'amour! Ta rivale est docteur en chimie? On s'en fout ! Ton chéri ne cherche certainement pas les formules chimiques chez

elle, il veut son cul, c'est tout. Si toi même, tu n'es pas en top concernant tes formations, voilà, une bonne occasion de reprendre tes études ! Les hommes n'aiment pas les sottes. Donc, augmente ta valeur en apprenant !

Sors plus souvent seule, sans ton mari, bien pomponnée. Mais ne rentre pas trop tard. Il ne s'agit pas de le rendre jaloux. Il s'agit plutôt de retrouver ta liberté à toi. Laisse-le s'occuper de vos enfants. Il doit rester à la maison car tu es occupée avec ceci ou cela (des choses importantes, non des conneries). Mais fais gaffe: tu dois absolument éviter que ta rivale rencontre vos gosses. Les gosses sont comme les politiciens et les hommes: corruptibles. Les politiciens avec des sous, les hommes avec un joli cul, les enfants avec des jouets et des bonbons!

Tu as attrapé ton chéri et ta rivale à l'improviste chez vous à la maison? Tant pis pour toi. Tu dois le jeter dehors. Car la maison est sacrée et un homme qui ne respecte pas le lit conjugal ne va jamais te respecter non plus !

****

Maintenant, elle sait quoi faire ! Avec un large sourire, elle se lève et commence à préparer les prochaines étapes.

Sommaire

Un grand merci à David et Aurelien Noundji et à Thierry Ndong pour la relecture et des corrections.

Plus de livres de Birgit Pape-Thoma :

Livres pour enfants :

Pipou, tu mens !
BD. Dessins : Alain Kojelé
Édition AGO 2023

Ti Jojo au Pays des tomates multicolores
Illustrations : Yannick Robert
Éditions MONDE GLOBAL

Édition bilingue Occitan / Français :
Ti Jojo al pais de las tomatas multicolòras
Edicion IEO Lengadòc

L'Allemagne
Illustrations : Gaëlle Dutter
Éditions GRANDIR

Pour un grand public :

Je veux
Poèmes d'amour
Avec des dessins d'Alain Kojelé
Books on Demand

Moments
Avec des dessins de Romain Ganer
Books on Demand

Moments
Livre audio
Musiques : EM TEH EXPRESS

Intégration
Étrangers habitant dans l'Hérault
Books on Demande

Plus d'informations sur :
bpapethoma.jimdofree.com